돌아오는 바람

한국작가 작품선 · 36

돌아오는 바람

성현철 시집

한국작가 출판부
동행

시인의 말

불현듯 코끝으로 스며오는
바람의 향기가 있습니다
때로의 기억과 추억이 묻어
꿈꾸게 하는 그 향기는
끝이 없는 영혼에 자리 서게 하는
주술과도 같았습니다

아득한 그리움의 통로를 지나
켜켜이 해묵은 망각에서 눈뜨고 있는
그대 얼굴과 이름과 사랑이던 영상의 서술들은
한 번 떠나 흩어지면 영원히 지워지리라던
소요된 세월의 연민 시절의 애린
눈꽃으로 들꽃들로 피어
돌아오는 바람이었습니다

2010. 봄 저자

사물을 통해 자아를 발견

김 건 중
(한국문인협회 부이사장)

성현철 시인을 만난 지도 서너 해가 지났다.

처음 지인의 소개로 만났을 때 성현철 시인은 등단도 하지 않은 상태에서 2권의 산문집을 출간했다는 말을 했다.

내심 겉보기에는 순박한 문학청년다운 모습인데 보기와는 달리 문단의 이곳 저곳을 떠돌다 온 것이 아닌가 하는 의구심이 들었다. 그래도 필자를 찾아온 손님이라는 점에서 덤덤하게나마 맞아 주었다.

그러나 시간이 흐르면서 처음 생각했던 나의 선입견은 점차 빗나가기 시작했다.

우선 자신이 문학 이전에 나름대로 그저 써놓은 글을 정리하는 차원에서 산문집을 출간했을 뿐이라는 고백을 했고, 더불어 시 공부를 시작하겠다고 열심히 습작하는 모습에서 성현철 시인의 겸손함과 성실성을 인정하게 되었으며, 나아가 충분히 좋은 시를 쓸 수 있는 감성을 지녔다는 믿음을 갖게 되었다.

그후 그런 습작을 바탕으로 그는 계간 「한국작가」 신인상 시부문에 당선되어 이 땅에서 시인으로 등단하였고, 활화산 같은 열정으로 많은 작품을 창작했다.

금번 출간되는 시집의 작품들을 살펴보면서 그동안에 장족의 발전과 함께 새로운 패러다임으로 시를 쓰고 있다는 것을 발견하게 되었다.

가끔 '어떤 시가 좋은 시냐' 라는 질문을 받을 때가 있는데 한마디로 대답할 수는 없지만 좋은 시로 인정받을 수 있는 객관적인 것은 독자의 공감대를 쉽게 얻어낼 수 있는 시가 좋은 시라고 말하고 싶다. 독자의 공감대를 얻어낸다는 것은 그만큼 독자에게 쉽게 이해될 수 있는 일반적인 보편성을 지니고 있다는 것이다.

이와 같이 성현철 시인의 시도 독자의 공감대를 쉽게 얻을 수 있는 속성을 얼마만큼 지니고 있다. 얼핏 보기에는 회화성이 짙고 함축시키지 않은 것처럼 보이지만 산문시 형식을 빌려 썼기 때문에 그러하다고 생각한다.

산문시 형식으로 회화성 짙은 시이므로 쉽게 독자에게 다가가는 시로 보았을 때 호소력 있는 상징성을 내세워 함축미로 시의 맛을 내던 기존의 틀과는 대칭되는 시작법인 셈이다. 물론 이에 대한 구체적인 논의는 더 있을 수 있다고 생각하지만 성현철 시인 나름대로의 독창성을 인정한다면 시각은 달라질 수 있는 것이다.

성현철 시인의 시 〈향수〉, 〈숲의 바람〉, 〈야누스의 봄〉, 〈봄내음〉 등을 보면 여성적 감성의 물결로 출렁거리는 가슴을 볼 수 있다. 어린 시절 화장대에서 향수냄새를 맡던 동심어린 호기심, 바람이고 싶어하는 어린감성, 봄을 온몸으로 받아들이는 심성 등에서 그런 가슴을 보았고, 이에 반해 〈동행〉, 〈비련〉, 〈존재〉 등을 통해 인간의 존재와 삶의 정체성을 노래하며 시인의 의식을 생각하게 하고 있으며, 〈야생화〉, 〈기억의 굴레〉 등은 철학적 사유가 있는 사색의 뜨락에서 시인의 색깔을 말해 주고 있다. 그리고 〈자명고〉, 〈천둥소리〉, 〈엽서〉, 〈다짐〉을 통해 일상의 분분한 먼지까지도 시로 형상화시킬 수 있는 표현력을 보여주고 있는 것이다.

이렇듯 간략하게 성현철 시인의 시작품 세계를 거론했지만 무엇보다도 그의 시 속에 잠재해 있는 의식은 주변 상황에 대한 긍정적인 의식과 함께 인간애가 시행간 행간에 흐르고 있다는 점과 모든 사물을 통해 자아를 발견하고 성찰하려는 노력이 있다는 점을 말하고 싶다. 이런 노력이 있는 한 성현철 시인의 시는 독자와 함께 공유하는 시가 될 것이고, 그 공유는 성현철 시인을 더욱 큰 시 나무로 성장시킬 것이라는 기대를 갖게 한다.

끝으로 시를 쓰겠다던 초심을 잃지 말고 더욱 정진하여 좋은 시를 많이 남기길 기원하고 싶다.

CONTENTS

CONTENTS

3 명상의 노래

4 희연

CONTENTS

5 회색빛 자유

6 애린

7 숙명

1
계절의 속삭임

바람의 길

앳된 웃음 살며시
심연의 더운 속살
간질이는
그대 고운 손길이여

수줍은 눈길 주고
가지 위로 앉았다가
홀연히 사라져간
자취의 여운을

돌아오지 않을 망각의 길
소원하던 그곳으로
기억 너머 가시는
그대 고운 바람이어라

그늘

가로수 길 따라
균열로 오는
암담한 삼월의
꽃샘이여

기우는 서녘
돌아누운 노을 넘어
봄은 오는가

너울너울 춤추는
눈발의 그늘 밑에서
엇박자로 발 구르는
여울진 몸짓들

허술하기 짝이 없는
사랑 탓하려
아니 지는 계절의 끝에서
신열 앓는 지친 어둠에
나를 담다

생의 예찬

봄 개나리 만발한
울타리 너머
한 아름 초록을 입고
안고 움츠린 산

울긋불긋 신열 오른
등성이마다
꽃길 아지랑이 피어 오르고

철쭉 향기
입술은 바람 닿아
한 가락 풍유의 전율로
깨어나는 몸짓들

불어오는
한 잎 낙화에도
하얀 숨 멎어 있는
꿈의 풍경 위에

비울 수 없는
가슴 벅찬 환희가
소리 없이
무르익는 봄

가랑비

비 온대요!

푸석거리던
마른 날 견디며
숨 가쁜 대지 적시는
일모에서
비웃음 보이며
줄행랑치던 바람

서글프도록
닦고 또 닦아 보는
마음의 창문
비 내리면 얼룩질까
체념에 돌아서면

뜰 길
수런거리던
산수유

눈감고 모르는 체
갈증을 풀고
기지개 켠다

자목련

바람에조차
아프게 흔들리다
핏빛 울음 소복이
내려놓은 자리

산허리 물고 가는
점점이 나는 새를
한 잎 바라보다
떨어지고

잿빛 하루 기대었던
모진 어둠
새벽 살 속에
한 잎 떨어지면

비바람 설운 생애
빗겨 울
쉬운 이별일까
예감하는 상념마다

똑. 똑. 끊어져
소리 없이
홀로 가는 봄

봄의 정화

때로는
삶의 구속이던
속함이라는 굴레며 이치에
가슴 쥘 듯 돌아서지만

누구도
옭아맨 이 없고
십자가에 돌무덤에
가둔 이 없어

끝없이
사로잡혀 있는
고집스런 의지에
자기였음을

생명 있음으로
바라볼 수 있어
거저 얻고 나누며
비움으로 돌아가는 것

늦은 참회일까
내 안의 자손뻘쯤
업으로나 닿을
죄인 같은 오후

생존

찬란한 오후 봄 햇살
올리브유에 볶아낸
버섯 호박 양파 넣고
파릇한 쑥갓이며
간간히 무친 콩나물
계란 하나 고추장 비빈
오늘의 점심 메뉴

아름드리 볕 누운 식탁에는
아기자기한 자연의 섬세함
풍요의 감사 가득한데
허기진 뱃속 채워가는
포만감이라는 것이

깃털 날리는 허영과
이끼 가득한 만석의 욕심으로
채울 수 없을 빈사의 허한
잔재 속 투영만 같아

큼지막한 달랑 무 하나
우걱 씹어 삼키고는
왠지 모를 설움에
수저를 놓는다

장미

고풍스럽게 피워낸
진한 빛의 열정

길목 울타리
뜰 길 정원마다
고개 내민 붉은 사연
매혹의 향기
발하였더니

여느 귀족의
선율로 쓴
이름이어서
화려했던 순간만큼을
알고 지는
아픔이여

삶의 이유

거센 비바람 몰아치는 날
작게 지붕 올린 벤치
그대 작은 걸음걸음을
기억의 우산 접고 오시어
서늘히 잠든 사랑 깨우소서

정답던 연인 머물다 간 자리
아픔으로 너울지던 이별의 자리
긴 밤 홀로 등불 바라보는
지루한 사연에 앉아

머무는 계절 바람이여
성숙으로 번져오는
아침 햇살마다
아름드리 피울 꽃 가지
그대 마지막 진실에 고할
나의 목숨 남기소서

죽음을 밟고 가는 여름

눈감은 머리부터 동강이 났으리라
너른 도마 위에서 두 발목 찰나에 잘려 나가고
죽어서도 본능처럼 굽어진 날갯죽지며
깃털 빠진 뭉툭한 꼬리 한심한 것이
인간의 보시이기 위한 미물의 존재요
처절한 죽음의 말로였으리

삼복 더위 사철탕 문전성시며
솥에서 자기도 모르는 한 목숨이
아닌 목숨으로 저문 살들이 불을 때
지루한 여름의 끝은 다가오는 것이지만
나는 오늘 음식이 아닌
죽음 먹고 부지하는 생명되어
닭의 울음 속에서
포식하는 죄 값을 치루고 말리라

밥알이 익고 솥의 물 끓는 소리가
한 맺힌 눈되어
뒷덜미를 쏘아보고 있다

반전

처참하게 버려진 앙상한 뼈마디 잔해 위로
새벽이던 닭의 울음이 꼬리를 말아 올렸다
죽기 위한 존재였던 것
존재하지 않는 존재의 끝에 서면
영혼의 축 그 견고함을 위해
부지해야 할 탐욕과 식욕이
덥고 가파른 육신의 구조 속에서
한껏 끌어당기고 있는
가소롭고 하찮은 추임새여
세상 이치들이 하이에나의 이빨을
갈고 갈아 발라먹은
내 검은 청춘의 살들이여

풍악을 울려라!
먹고 늘어지리니 숙청 들라
열외 없이 묶인 흐름의 포승줄에
이래도 저래도 한 세상 노래하리니
홀로 먹고 마시다 잠들어
검은 핏속에 문 두드리는 여운 붙안고
쓰러질 마지막 다하리니
부르라 삶과 죽음이여
숙청 들라 세월이여

판화

잎이 지기 전에
꽃 따먹은 사슴의 눈물
제 몸에서 부서지는
낙엽 한 점 베어 물고 흐르는
가을은
아프게 치이며
걸어오는 문밖에서

여백으로 그려진 전설
이어가는 획의 붓끝에서 전율할 때
바람을 곡예하는 뭇 생명들의
울음 삼키고 취한 몸부림
벼 익는 계절로 흘러만 가는데

누구인가
핏빛 석양 부여안은
가을 속에서
추억을 흘리며
쓰러지고 있었다

가을맞이

아름드리 꽃 잊어버리고
짙은 매미 울음 삼키더니
이제사 모르는 일이라고
돌아누운 산등성이야
청산 녹음 지면
가져갈 것 없이
다 주고 가는 길

홀로 배부른
너털웃음 소리가
기어이 뜻 깊어
나를 울리리라
눈물 흘릴 것이리라

몸살

뒤척이던 만 갈래 길
헤이지 못할 꿈에서
힘없이 걸어 나온 밤
헐벗은 구름 없이
저녁 하늘은 찬데
가고 오는 계절 같은 몸

천근만근 쏟아 붓는
텅 빈 방의 정적 속에서
피에 번지는 아스피린
그리운 그대 영혼에 묻은
나의 피

붉은 호흡 밀려가는 어둠 후
갈무리하자던
무구한 상심의 언저리에서
귀 기울여 들어보는
숨 깊은 계절의 번민이여

가을이 오기 전에
가을이 오기 전에
한 번 더 앓고 나서

가을

등보이지 말자
별리의 순간이여
애쓰다 무너지는
갈잎의 행지
바람 흩날리는데

태우다 버려진
독백의 편지
무수한 사랑의 언어들이
붉게 그을린
아스팔트를 흐르는
암담한 저승의
목멘 그 소리여

가을 연가

만추의 계절이여
낡고 헤진 가슴이여
서풍에 비명 하는
예정된 시간 앞에
식어 허물어간 청춘이여

흩어진 시를 줍다
그림자로 돌아서는
그대 여명에 목놓아 부를
마지막 숨결이여

초록빛 사랑
떨림으로 안고 선
나무들의 애틋했던 꿈
가을 앞에 다시 한 번
비석으로 세우는

추야

잠들지 않는 욕망의 끝
미련도 절망도 없는
단념에서 보는가

비틀거리는 등불과
때묻은 영혼이 조우하는
추야(秋夜)에 서면
아미에 젖어오는 비

계절을 칭송하는
시인의 동공 배회하다
세상 밖으로 떠밀리는
한 잎의 가을이여

길을 막고 묻는
존재의 무상이
바람으로 구름으로 풀어지는
오랜 천상에 동거하리라

멍에

무수한 사연 치고 간
기적 소리가
무형의 춤사위로 휘도는
텅 빈 철길

굉음에 소각된
가을의 전령들이
꽃으로 피어 흔들리는
뜰 안에

틔우지 못한 봉오리
지고 아닌 꽃들이
바람으로
흐르고 있을 때

삶의 가장자리
가만히 떨고 있는
한결 같은 추임새가
오지 않을 기차를
부르며 서 있다

일모(日暮)에서

붉게 타오르는 가슴이면
상상은 현실이 되고
현실은 허구가 되던
소설 같은 이야기 속에

봉숭아 물 곱게 들인
손톱 끝 여울 흩어질
해묵고 낡은 체념조차
빛 바랜 사연되어

아득한 세월 도려낸
새살 하얗던 꿈
젊은 날의 일모가
깍지낀 떨림으로 안겼다

소망

엄숙한 낙조를 배경으로 하는
황홀한 자의 흙내음 속에서
그윽하게 미소하는 돌 틈 사이 야생화
몇 폭 그려내는 꿈

낮은 돌담집
쪽빛 기와 선율 고요하고
이우는 달 여울 안고
숲에 연기 피어 오르는
밤의 정적 속에서

아궁이에서 튀는 자기와
교통하는 심중의 애수를 핥으며
가려진 길섶 들어서면
그 먼 달빛의 밀어와
꽃 반딧불이 숨죽여 우는
가지 끝 설렘으로 왔다
하염없이 돌아가는 꿈

둥지마다 새들은 자유롭고
삶의 질의와 간격을
시샘 없이 돋아난 들풀 누워 본
남겨진 생의 안식은
깨어난 아침마다

홀연히 스민 이슬 바람마다
하늘의 한 호흡 이루어
역정의 기억 잊어 돌아간
호젓한 삶의 언저리에서

황혼을 그려 죽어간 하루 애도하며
서녘에서 다시금 꿈꾸던 내일 칭송하며
시절의 무상에 자유 하는
두 팔 벌린 미소여, 환희여!

바람으로 구름으로 우리 돌아가는 날
주림 없는 영혼 산을 업고 스러지는
기우 없는 희락의 동거 속에서
서로에게 속한 자연으로나
숲에 연기 피어 오르며
별 밤을 이는 초록의 교감 속에서
웃자람 없는 고요에 젖은 한세월
노래하는 꿈

겨울 나무

칠흑의 어둠은
숲을 안고 목이 마르고
오뇌의 협곡마다
풍경 흘러도
흐름은 바람에
가고 없으리라

낮과 밤
빛과 어둠에 수유하는
우주의 모체 있어
묵묵히
본연의 중심에 닿는
단아한 진실의 매무새를
홀로 선 채
애처로이 핥고 있는
오한의 밤

겨울밤

이정표 없이
떠나온 여정에서
잃어버린 길은 없었다

백열등 깜박이는
허름한 구멍가게며
네온 밖으로 들려오는
담 낮은 여관의
흐릿한 기침 소리

시름에 잠든
백구의 문지방
처량한 밥그릇 위로
종일을 쌓이는 눈

이제 막 빵집을 나서는
아이들의 종종걸음
회색빛 세상
작은 희망 덧뿌리고
의연히 돌아설 때면

처음부터
목적지 없던
어느 외곽에서의
겨울밤은
깊어만 간다

2
자명고

허상

잔에 취한 우월감
포만이 안락한 그릇에
정마저 잊어버린 사람아
가슴으로 오가는
애틋한 사랑이야
죽어 아름다운 기억이거늘

돌아서는 발길에
치이고 흩어지는 사랑아
소중한 것
변치 않을 단 하나의
믿음이건만

그 하나를 찾지 못한
불우한 삶의 허상인 것을

편린

삶의 길목마다
분쟁으로 얼룩져온 상처
성공이라 이루어 낸
머언 여정의 길을

온전한 사랑 없이
허물어질 별 아래
이울어질 성 안에
영원 안식의 꿈
쌓았는가

권위의 샘물 마시며
옳다 할 노랠 부르며
그대 이룬 삶이 허영에서
눈떠질 영혼의 그때 즈음

꿈 한 조각
돌아오는 살이 되는
깨어진 거울 속에서
허무와 자괴의 웃음을
쏟아 흘리리라

비공개 폴더

꺼내 놓은 진실에 반한
비공개 폴더에는
켜켜이 해묵은
자화상이 웃고 있다

권세 쥔 자
강연과 연설 앞에
주목하여 귀 기울이는
추종자들의
번뜩이는 눈빛 속에

차마 허울뿐이라던
마지막 비밀의
판도라 상자

체증을 누른
어둠 한 권
터질 듯 부푼
비약의 숨소리를

존재

약자 앞에 강자의 권위의식
강자 앞에 약자의 자격지심
강자 앞에 강자의 우월의식
약자들만의 피해의식

목마르고 배고픈 삶
허구 헌 날 모로 드러누워도
모순의 이치 앞에 비껴 우는
관심 속의 자숙
무성히 꽃 피울 때면

의식이 의식을 낳는
존재의 상대성
그 지배와 관심은
오직 대상 없던
꿈이라 하더이다

인격

시방은 겨울
다중(多衆)이 마을에
무지개 떴다

형형색색(形形色色)
마주하는
이름 하나에
활짝 편 무지개

아로진 능선 가로지르는
카멜레온의
숨바꼭질 놀이

무지개 흩어지면
비명(悲鳴) 하는
추락일 것을

동행

흐름 읽는 관망과 예측 없이
본연의 중심 세워 관조하는 자각에
준하여 발하는 행보 있을까마는
등 돌려 잊지 못할
어지럽고 혼탁한 세상
차라리 말을 잊은 침묵으로나
그 적막한 어둠
발화의 씨줄을 잇겠는가

올곧은 나무의 열매보다
굽어 조아리는 나무의 풍요 지극하고
온전한 사랑에 편애는 없어
좌로나 우로나 나부낌 없이
중심에서 하나되는 사랑일진대

삶에도 공식은 있어
교란과 오해로 나뉘고
시기와 분열을 어두운 여벽으로 두고
자신을 세워 간다는 일
심연에서 교통하는
양심과의 동행이라 하더이다

흐름

지는 모든 것
무게 있음에
일어서는
수고 있었으리

성난 파도 이는
포화된 삶의 체증일지라도
바람이 자고
구름 떠오는 한낮
햇살이기 위함인 것은

소실되었거나 작아진
체중으로 다시
모든 것을 이루는
부피의 일부로
돌아가는 것이리라

풍경

버려서 버린 것이 아닌
취하여 가진 것이 아닌
탐욕과 허실의 행간에서

옷소매를 흔드는
바람의 무게에도 겨운
머나먼 곳
떠날 수 없음과
끝내
떠나가야 할 곳으로부터

3
명상의 노래

순종의 의미 · 1

소리하지 못하는 이여
시선 없이 돌아앉은 이여
마음의 눈으로
빛과 소리 찾으리니

화려한 꽃이나
멍울진 잎새에도
신의 가호 있으되
영원토록 함께 하겠고

버려진 육신조차
영이 살기 위함인 것은
신이 택한 속죄가 되리니
순종은 아름다워라

순종의 의미 · 2

전율하는 가슴에
순종 있노라 하시면
거짓 없는 당신의
사랑인 까닭입니다

목마른 세월
덧없이 기댄 자리 비껴가지만
쓴웃음 비워둔
아픔조차 순결하여

서툰 표현과 때로의 모진 언행
괘념치 않음인 것은
서로에 관한 믿음을 믿는
인연이란 보고서의 서술입니다

하늘의 새가 되어
산수의 자유 엮어 가시는 이여
당신의 순수한 열정 따름인 것은
숨죽여 오던 삶의 인내였으니

호젓한 생의 울타리
순종의 의미 되새기는
한 떨기 금낭화 꽃
피고 지는 한세월을
함께 걸어갈 것입니다

야생화 · 1

비바람 불어올 때면
창밖으로 다가와
아픈 마음 가만히
열어 보시는 그대여

잃어버린 사랑
남겨진 진실이라는 것이
부족함 많았던
가슴 옭죄듯이

꺾어질 듯
다시금 피워 내야 할
사랑의 몫으로
띄우는 연서에는

생의 젖줄을 댄
꽃잎 한 움큼을
비바람에 놓아 부르는
그대 이름입니다

야생화 · 2

저 먼 들녘
해 저문 자리

숨 낮추어
전하는 마음엔
비워지지 않는
슬픔 하나 있습니다

무심에 이르지 못한
삶의 깊은 상실
전이되는 독이 될까

홀로 마음 상해
모르게
꽃 질 수 있다면
꽃 질 수 있다면

저마다 길을 묻던
숲의 바람
하늘의 동화를
회귀의 기약을
살며시 귀띔하여 줍니다

외사랑

텃밭에
꽃씨 심는 소망 하나
화려하지 않아도
영원히 지지 않을 꽃으로
피었으면 좋겠습니다

초라한 작은 숨결
사랑과 관심을
이슬처럼 기다리는
밤의 숨결이고 싶습니다

꽃말 더듬어 찾아오는
비 한 방울 소리 없이
저 먼 땅을
빗겨 내릴지라도

당신의 텃밭에
마음의 꽃씨를 심습니다

기억에서 무너지는
이랑의 눈물될지라도
소원하시던 당신의 모든 뜻이
나의 온전한 자유가 되는
사랑입니다

쪽지

그대 양지에 잠들고 싶었지만
스산한 음지를 걸어도
함께여서 행복합니다

숱한 갈등
선택의 기로에 선
모진 시간의 사념까지도
내 안에 그대일 뿐입니다

푸른 숲을 지나
저문 생의 늪에 스민
세월의 행간에서
시간의 모래 바람 사무쳐
잃어버린 그리움
지워진 망각조차
사랑일 따름입니다

있음과 없음의 그대로
먼발치에 선 그대 시선
내면에 자는 침묵에서 미소까지
나 오직 그대의 사랑이고 싶습니다

천년을 떠도는 배

돛 없는 나룻배
풍우에 흔들림 없던 사랑
임의 배는 마지막 길 떠나시어
돌아오지 않습니다

목놓아 불러보는 수평선
닿을 데 없는 메아리는
무너지는 허공에 속절없이
산머리 별들만
눈물되어 흐릅니다

기약 못할 해후라 하셨으면
뱃머리 불 밝혀 드릴 것을
아주 잊어 가시는 길
애증의 돛 세워 드릴 것을

기어이 이 한밤을
소리내어 울지를 못하고
흐르고 흘러 가시리만은
별을 흩어가는 머나 먼 길
이 가슴 강물되어
천년을 기다리는
여심입니다

부르고 싶은 이름

그대 생일날
길에서 산 벙어리장갑을
가지런한 무릎 앞에 내려놓습니다
마음만큼 드릴 수 없어 쓸쓸히 돌아서면
등뒤를 다가와 가슴 안는 사랑입니다

더는 길 없어 눈물 흘리는 밤이면
모르는 듯 말없다가
잠이 들면 와 닿는 작은 손
눈빛만으로 가슴 느끼는 사람아
불러보는 당신입니다

먼 길 떠날 설움에 돌아서 보지만
잃어버릴 세월 연연치 않아
소망과 기도로 인내하며
끝내 기다리고 계실 이여
눈먼 미소 속으로
행복 다 가진 사람이라면

번민의 물결에 선 그림자
장막의 두루마기를 벗어
이제는 그 이름 부르고 싶습니다

바다

작은 물고기 한 마리
흙모래 속에 몸을 숨기운
조개의 곁으로 다가갑니다

"친구야, 네 가슴에 숨기운
진주를 꺼내 놓으렴
지금껏 널 아프게 했던
보잘것없는 아픔일 뿐이야."

슬픈 눈을 슴벅이며
조개는 말했습니다

"처음에는 감당하기 힘들었지만,
아픔 없이는 나도 없을 것만 같아
놓을 수가 없단다
모르는 척 돌아가 줘."

아픔조차 사랑이 되는
이치를 가치를
음미해 보던 물고기는
꼬리를 살랑이며
홀연히 길 따라 돌아갑니다

명상의 노래

그곳은 향기를 수놓은 뜰
소리를 발하는 별
지극히 고요한
그대 온전한 마음입니다

낮 붉은 계절의 꽃잎마다
그대를 향한 입술로 태어나
희망을 노래합니다

세상 모든 아름다움으로부터
아름답기까지가
꽃이 드리는
그댈 위한 편지였습니다

나는 당신이 지나는
뜰 길에 내리는
한 잎
낙화여도 좋겠습니다

어스름 창가에 기댄 별처럼
마음에서 마음으로 향하는
서로를 향한 빛일 수 있다면
새벽 이슬 내린
평원을 수놓은 들꽃들의 밀어가
그토록 우리를 말해 오던
사랑이었으면 좋겠습니다

4
희연

애심

너에게 나는
온 세상 계절이더니
잊었다 할 겨를 없이
흘러온 세월

비바람 흔들리기를
의지 없이 떨어진
한 잎 꽃으로 흐르는
눈물이더니

너 없는 계절은
덩그러니 창밖에 서 있어
아픔의 이유
묻지 않는 배경조차
줄타기하며
살아 숨쉬는 세상

나는 너에게
생의 이유이더니
시간이더니
사랑이더니
온 마음이더니

암초

한 잎
또 한 잎의 껍질
벗어내야 할 때마다
한없는 그 고통은
심연에 이는 해일과도 같았습니다

응고한 바위의 고독 속에서
멈춰진 맥박의 잃어버린 이름
부르지 못할 이름만
가슴에 낙관을 새긴 채
정박의 기다림을
울어 쌓던 부두의 잔해는
전설로 남아

마지막 껍질 벗은 야윈 흔들림
붉은 울음의 자기를 살라 남겨진
애달픈 사랑만은
아직 끝이지 않은
이별을 막아섭니다

그 해 겨울

벨벳 스카프 서랍 속 향기되고
블루진 니트 선보이는
거리는 이내 봄이었어요

코끝 빠알간 겨울 안에서
아직 손님을 기다리는
가여운 당신은
손 뜨게 방울모자
눈썹 밑 내려쓴 거리
지친 사랑의 인내에
꽁꽁 언 마음
봄을 잊었나봐요

겨울의 불을 끄고 창 내리며
모두가 꽃 향 태우는 햇살 깊이
찬란한 봄으로 돌아오는데
바람 흉흉한 추억 속에서
마음 지쳐 있는 당신이예요

떠나지 못하는 이 자리
나무 그림자 지붕삼아
함께 기다리는
코끝 시린 봄이예요

봄비

선한 계절의 내음에도
스산한 가슴만은
그대 깊고 깊은 눈물의 설움
한아름 담았습니다

그대 없이는 돌이켜 추억할
애틋한 사랑 없어
가뭇없는 세월 등진
시선들의 균열이
땅 위의 포말로 부서집니다

남겨진 여죄의 궤적을 좇던
눈감은 하늘 아래
불 밝혀 우는 가로등
침묵하는 나무 풀숲 사이
나와의 넋을 기대었는데

소실된 사랑의 언어 속에서
허문 언약 부여안고
다가서는 눈빛이여
지친 그리움 가없는
어긋난 다짐만이
생의 한 소절을 읊습니다

길

가슴 꺼지지 않는 그대 모습은
살아갈 이 세상 어디에도 있어라
이 밤 홀로 불 밝히는
마음의 창가엔
별 하나 없는 하늘
바람 없는 달밤이 소통하고

거두지 못한 눈물 고운 꽃
울어진 채 잠들었다가
피어나는 만개의 봄
언제나 그 자리인데

텅 빈 어깨 스치고 가는
빛바랜 영상 속에서
우리 다시 꽃피우기엔
그 이름 아득하여

꿈으로 동행하는 밤길 뜨락을
모르는 이별만 저만치
앞서 나아갑니다

다짐

그대 마지막 사랑일지라도
후회란 없을 것입니다
이렇듯 철저하게
고독해지리라는 것 모르는 채
사랑이라 말하지 않았을 까닭에

꽃잎 날리는 축제의 봄
홀로 거니는 쓸쓸함보다
그대에게 오래도록 따뜻한 사람이지도
마음길 의지이지 못했던
부족한 사랑만 텅 빈 가슴
메마른 가슴에 쓸려갑니다

정녕 슬픔이라 고백하지 못하는 것은
아! 꽃길 밀려가는 저마다의 미소 속에서
사랑을 탓하고 논하여 번진 오해의 갈피마다
단 한 번 그대만의 행복 허락하지 못하였기에
홀로 가는 길
그 어떤 외로움도 서러움도
아픔이라 기꺼이 여기지 아니하렵니다

그대 부르던 노래 들으며

화려한 네온 흔들리는 거리보다
애틋했던 기억의 편지 한 장
또 한 장을 나누며 함께한 시절
스케치할 수 있을 감미로운 음악과
따뜻한 차 한 잔
외진 길 낡은 문소리 나는
찻집이라도 좋겠어요

눈물 나누던 우리들 마지막 순간
고해의 시간으로 남겨진 창밖은
소란한 소낙비여도 좋겠어요
처음으로 돌아가 가슴 깊이 사무치는 이름
나만의 그대 사랑이여서 좋았어요

사랑만큼 비워진 자리에 흐르는 빗물은
마음으로 쓰는 그리운 언어들을 훑어가지만
아련한 행복의 순간순간이 사무치도록
아직 그대 나의 사랑이라는 부질없는 진실만이
추신이라는 허공의 마침표 속에서
작은 몸부림을 칩니다

면벽(面壁)

그대 없이 채워지지 않는 가슴으로는
남겨진 이 땅에 남겨진 하늘에
머물고 거하여 흘러도 흐르는 시간입니다

해진 들녘에 앉아 꽃들에게 묻던 말
그대 나를 잊어버렸다고 돌아눕던
눈물의 꽃말을 들었습니다

동트기 전 새들의 여울진 꿈속에서
우리 다정했던 순간들의 환영은 굽이쳐
기어이 목멘 소리 메아리치던 그대 이름이언만

밤낮없이 심중의 길 걸어도
그대 없이 채워지지 않는 가슴으로는
갈바람에 이별하는 잎새의 죽음만 같습니다

비가(悲歌)

한 번이라도 우연처럼
스쳐 지난 적 없나요
아주 먼발치에서
마주할 수 없었던 시선
한 번 더 나를 묻고 돌아선 적 없나요

창가에 흐르는 빗물 바라보면
아득히 먼 그대 그리움
바람되어 휘돌아 가지만
외로움조차 잊고 살아온 시간에
퇴색으로 몸부림치는 추억
더욱 모질어 한 번 더 사랑하는 당신입니다

허허로이 식어오는 빗줄기는
이끼 진 습지를 내려 꽃바람 기대었다가
이내 가슴을 빌어 느껴보는
순간의 존재감일 것입니다

당신을 향한 취음의 환영으로
방울방울이 맺힌 모습들
하늘로 햇살로 돌아갈 시간을 기다립니다

끝없는 이별

단 한번을 우연처럼
스쳐 지날 수 없었던
십삼 년의 세월 동안
참 많이 그리던 당신입니다

서랍 속의 편지와
사진 한 장 태우지 못해
가슴으로 묻었다며
용기 없이 잊어버린 당신입니다

못다 한 말 서성이는
가슴으로 지는 이별이야
아직 다하지 못하였건만
당신은 기어이
나를 잊었을 물결입니다

때로의 허기진 그리움조차
죄일까 해가 될까 돌아서지만
내가 사랑하는 당신은
오늘을 잊어버린 추억입니다

부를 수 없는 이름

사랑 그 하나의 기다림조차
부질없던 시간 앞에 돌려보내고
부름이 없이 나를 잊은 이름 없이
한줌 애증을 두고 엮던 그리움은
오랜 정박에 묶인
비린 밤바다의 등대만 같습니다

나의 숱한 죽음으로 울어 젖는
그대 묘비의 꽃이 되면
긴 망각을 헤이다 가는 구름

눈물이 꽃으로 물든 가지마다
하얀 대지를 밟고 가는 자국처럼
다시는 그릴 수 없는 사랑을 말하지만
끝내 녹아버릴 백지에
사랑이라고 써 버리면
너른 하늘에 드러누운 하루의 일모는
붉게 깔린 여울 일렁임으로
우리들의 먼 이별을
두 손 모아 관람합니다

엽서 · 1

하얀 눈꽃 마르기 전
눈물로 떠나시던 날
그대를 잃고
사랑을 잊었습니다

아무렇지 않게 길들여진
지워간 행복 속으로
한 잎의 세월 지는지

사랑이란 말없이 오랜 가슴은
구속처럼 닿지 않을 미소만을
허공에 뿌리지만

문득 돌아보는 빈자리
옛 노래 한 소절
내 작은 어깨 기대어
그대처럼 울다 갑니다

나로 인한 눈물
더는 없을 거라고
긴 시간
사랑을 잊었습니다

엽서 · 2

바람은
돌아오는 바람은
가슴으로
먼저 오는지

바람은 먼
기억 저편
어느 숲
어느 발길
불어오는지

붉어지는
시울이 아픈
아득한 꿈 언저리에

숨죽인 그림자
영원한 이별로 지는
벅찬 그리움의
눈물이

그대 나만의 시인이여

왜 들리지 않았는지
오래도록 문 두드리어
애타게 부르던 간절한 사랑
들을 수 없었는지

그대 목소리
빛과 같은 미소 속으로
담겨진 詩 있었음을
기다려 온 生 있었음을

박자를 놓친
어긋난 음률과
꿈의 자락에서
몸치의 춤을 추다
눈물로 돌아서던 그대

한 순간 재회 없는
오랜 이별일 때까지
초라한 나의 행복 다
살아 주신다면

되돌이표 없는
오늘의 무음일지라도

그대 모를 꿈속에서
찬란한 여명에 연소하는
무명의 시인으로
살아가고 싶습니다

희연

너는 내 안의 스물두 살
늙지도 병들지 아니하는
빛나고 사모할 이름의 여심
한 송이 물망초로 피었다

시들지도 꺾이지도 아니하는
칡뿌리 질긴 산 속
움막 세운 달맞이
몇 해던가

가슴 빼갠 홀로서기
그리운 목련꽃으로
피고 지던 스물두 살
너의 눈물 끝이 없이

정 깊던 편지 한 장
마음으로 읽지 못하였던
부정한 내 가슴으로만
가슴으로만
홀로 타다 부서지는 세월

전화

그대 품에 안겨
아이처럼 울고만 싶습니다
이 생애 다시 꿈꿀 수 없는 인연 서러워
한껏 소리내어 울고만 싶어집니다

쓸쓸하게 살아 있는 지금보다
더 많이 아파하며 살아가라고
모진 말을 하지만
더 큰 그대 아픈 마음만 느껴집니다

그토록 불러보고 싶었던 이름 부르면
대답하는 목소리가 그대이여서
하늘이 무너집니다

기다릴 수 없는 그림자로
꿈속을 물결치던 그대였음에
단 한번 스쳐 지나지 못한
덧없음 방황 탓하였지만

그대 없음으로 홀로 선 길에 타는
부질없는 가슴으로만
돌이킬 수 없는 기억을
다시금 묻고만 있었습니다

애가(Ghost)

나 몰래 잠이든
긴 밤의 행간
작고 초라한 의식에서
흔들리는 당신을
만났습니다

영원을 노래하는 당신과
그 고운 음률로
시를 쓰는 밤
닿지 않을 온기인 줄 알면서도
손을 건네면
아지랑이로 풀어지는 환영

언 땅으로 스러지던
회색빛 하늘 아래
몸살 뒤척이는 밤이면
햇살 같은
그대 온기로 무너질
하얀 눈길에
눈뜨면 잊혀질
하얀 시를 씁니다

그대에게

가만히 불어오는
어둠의 정적 속에서
성찰의 불길 타올라
응고된 하늘의
꽃별들이여

퇴색이 반복된
허기진 내면의 호흡
진실의 목전에서 꺾어질까
애타게 바라보는 눈물이여
가슴에 쓰나니

절개어린 그리움 전하고
한줌 세월에 뿌려가는
시절의 독백이여

별을 인고 우는
한밤의 밀어 속에서
별이 된 두 눈 살라
고운 너의 꿈결에 날리는
세상 끝의
배경이고 싶었어라

아리랑

사랑아 너보다 더
아프던 다짐들

돌아서는 청춘이며
목전에서 터져 오르던
그리움조차
부정의 굴곡을 넘는
아리 아리랑

부귀영화 꿈꾸던 질주는
역전 없는 나그네 길

헛된 영원의 꿈
허전한 말로에서 돌아볼
부질없음이여
장문처럼 길어진
일기에서

사랑아 너는
보일 듯 말 듯
한 점의 아지랑이로
멈추어 서는 나의
아리 아리랑

뒤늦은 후회

낯선 사람들 눈빛 어울리는
재래 장터의 풍경
허름한 좌판에 물건을 파는 빈곤한 청춘
작은 연인의 행복 앞에 서면
덩그러니 우뚝 선 바위 하나
꺼진 심장 안고
길 잃은 기억을 애무합니다

나는 지금 여기에
그대 나의 끝에서 하얗게 숨지는
편린의 잔영에는
멍든 희망 놓을 수 없이
의지마다 위태하던
숨 가쁜 오해의 순간들

힘겨운 현실 앞에 버려진 사랑
그리고 또 사랑아
마음 둘 데 없이
떠돌이하던 장돌뱅이에
비화된 마음의 울림을
어지러이 교차하는 영상 속에서
끝없이 나를 떠나던 그대의 눈물을 봅니다

달 여울

어둠이 졸고 있는 창밖으로
그늘진 침묵을 배회하는 바람
달빛 그을린 가슴 소리에
내가 우는 기억 속에서
오롯이 고개 드는 그대 얼굴아

다가서려면
이내 붉게 터져버리는
무색한 조율의 간격을
아롱지듯 흐르다
흐르다 얼룩진 그대 가슴에

이처럼 죄인으로 앉아
소망의 나래 꺾어 빛을 내린 채
서러이 미소하는 까닭인 것이
아둔한 목숨의 끝을 부여안은
보잘것없는 사랑 때문인가
깊고 깊은 허공에 메아리치던
돌보지 못한 그대 이름 때문인가

노을

바람 한줌
초록이 또 한줌을
해거름 들녘 하얗게
뿌리고 가는 세월입니다

초연한 꿈 언저리에
소원한 가슴 건네면
민들레 꽃씨 흩어지는
그대 뒷모습 바라보다

영원한 기억 없을까봐
계절 불러올 때마다
소멸하는 그대 이름
떠날 수 없이
잊으리라 불러보는
아득한 나의 여인입니다

5
회색빛 자유

바위

정 주었던 가슴
눈물로 균열하는 소리를

틈 없이 견고해 보이던 것이
수천 년 말없이 산 이루던 것이

불타버린 영혼의 잔재와
때묻은 상흔 얽혀 있는
어둠의 작은 호리병

마개가 열리자
식은 정적에 길이 열리고
추추원혼(啾啾怨魂)의 바람들이
눈물을 흘리며 승천한다

'옛고을'에서

꽃가지 미동 없이
구름조차 멈추어 선 길

층층이 하늘 걸린
시선 두고 지나면
스며오는 것은
낙수 빛의 하강이던
찰나의 꿈

순수의 몸짓에서
백치의 무덤으로
일체를 그려간
한 폭 그림 안에서

자갈밭 몸 닿는
걸음걸음에
체중을 우는

보이지 않는 흐름의
소리 소리들

절망의 산

소작의 깻잎 밭에 앉아
검은 갑주 긴 행렬
분주한 개미들 삶의 전장을 본다

무언 규칙 충정의 본능 따라
작은 벼랑 오르내리며
다리 부러지고 허리 꺾이어도
존립의 무리 지탱하는 열사가 되리

서로의 의지 북돋아
부상당한 전우 이끌고
아등바등 바위 자락을
목숨으로 부여잡고 오르는 길

애처로이 바라보다
부질없다 돌아서면
울며 부르며 소리치는 말
"이 모질고 독한 인간아! 가지마."

그래, 너희들만의 세상이야
우리들 이 험한 세상처럼

공원 벤치에 앉아

거센 풍우 언제였을까
고요의 장막을 두른 공원엔
웃자란 몇 그루 나무들

구름 쉬어가고
바람 노숙하는 잎새마다
정적을 물고 잠든
아득한 침묵이 흐르면

그 무엇으로도 동요하지 않는
이 깊은 무료조차 죽음이어라

심장으로 못을 쥐고
그림자로 멈추어진 사랑이면
이대로 잊혀질 꿈이 될까
한 폭 그림 입에 물고
무릎을 기대어 오는
바람에게 묻던 말들을

관심법

물결치는 꿈 한 자락
포말하는 덧없음에
밀려만 갑니다

꽃 지고 잎새 흩날리어도
내 영혼 늪을 지나
노을 안긴 세상

곁을 스쳐 지나는 움직임과
모든 소리들이 이별입니다
떠오는 기억 속의 방언과
문명의 언어들

삶에서 죽어 있던 꿈들이
죽음에서 동행할 수 있다면
새롭게 글을 배우고 언어를 익히는
낯선 호흡과의 길과 길들을
이렇게나 쓸쓸히 걷고 또
걸었어야 했나봅니다

노을 기댄 자리

어디까지 밀려갔는가
좌초된 내 눈물 끝에서
그대 홀로 등지고 소멸하는
아름다운 날들의 풍광을

이를 데 없는 그대 그리움과
닿을 데 없이 떠도는 환상은
불우한 허구인가 깊고 깊은 메아린가
돌이킬 수 없는 춤사위로 너울지는
재회의 넋이여

굉음을 지르며 멈추어 선 추억과
지난한 논쟁의 세계만이
나를 뚫고 지나가는
긴 침묵의 터널 속에서

그대로 돌이 되고 산이 되는
눈먼 시간 지금은
지금 어디쯤을
밀려가고 있는 것일까

유화 · 1
–자화상

빈센트 반 고흐의
잘려진 귀에 관하여
돌아볼 현실의 집착일수록
만 갈래 빗겨만 가는 꿈

욕망을 꽃피워
영혼으로 새겨 넣은 가슴이기 전에
불우한 삶의 배경에서
비참하게 버려진 생이야말로
예술의 극치를 이루는 것 아니겠는가

스스로 귀 도려내고 칭송하는
그가 아니었듯이
현실의 반 오려낼지라도
이상에 남겨질 자신을
칭송이야 할까마는

저 홀로 타는 희열이여
무너질 목숨인 줄 알면서도
저린 고독의 발끝에서 전율하는
퇴로 없는 막막한 길에
귀 도려내고
자화상 그리는 아침

유화 · 2

-고흐에게 보내는 편지

당신의 흐트러진 삶의 유화는
퍼즐의 한 조각이었습니다
한 번 더 귀 도려낸 자화상을
그려내야 했을지라도
깊은 절망과 잃어버린 생의 의미를
시름했어야만 했습니다

끓는 한(恨)이 혈관 속에서 튀는 자기와
무한한 정신의 통로에서 승화하는
짐승 같은 고독으로부터의 희열
그대 죽음으로 일관한 이기적임을

눈떠진 새벽마다
죽음을 끌어안고 우는 번민과
모를 소리와 형상으로 오는 내면과
무언소통의 소용돌이 속에서

영혼의 비밀 간직한 채
당신이라는 이름의 조각은
미완의 전령으로 끝없는 어둠과
소원히 가버린 시간의 숲 사이를
하염없이 걷고만 계십니다

유화 · 3
–고흐와 아내

1.
부질없는 나의 씨가
비릿한 네 피와 젖 속에 사무칠 때
너는 다시 내 안에서 몰락하는
청춘의 유화로 승화하리라
사랑이 고통이라면
벌거벗은 예술혼의 열정 안에서
우리는 숱한 남이 되어 돌아서리니
너 없는 내 안의 나를 비우는 날
마지막 갈 곳 잃은 파생의 울음만이
지천에 널린 주인의 혼백을 기리리라

2.
애초에 사랑은 없나니
비련의 시절을 그릴까
한 순간일지라도
피에 불타는 영혼 느끼는 것이리니
시옥의 문 앞에 서는 날
두려움 모르는 처절함으로
못다 한 그대 세계를
다시 한 번 꿈꾸는 것이리니
마지막 한을 넘고 죽음의 산을 넘는
한량한 그 웃음 소리가
지천을 깨우는 밤을 들을 것입니다

자폐

꿈꾸어야 사는
삶인 줄을
깨닫는 두려움에서
달아나고 싶었어라

지탱해 오던 모든 것
버릴 수 있단 믿음에서
찾을 수 있을
나머지 반의 영된 자유

청천벽력의 숙명
너 아니면 뉘게 주랴
몫에서 열외된 업(業)
없노라 하시면

허허로운 삶의 길에
좀처럼 치유되지 않는
사랑이란 이름은 구속인가
끝이지 않은 의지인가

6
애린

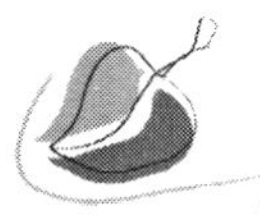

팔불출

어머니 나를 낳으시면

잊으셨던 이름 영전에 쓰시고
꿈처럼 아득한 길
멀어가시던 할머니

청춘은 식어 밀려가리니
사랑 찾아 가정 이루는
아버지 자리 책임의 자리
두려움 아닌 것을

옹알이하는 손주 얼굴
포대기에 유모차에
종일을 바라보실 어머니
내 어머니

더 먼 세월로 밀어내는
불효 아닌 불효일까
서러운 까닭입니다

하얀 비수

자식 이기는
부모 없다지만
내 잘못인가

염색 물결 사이마다
속속들이 밀고 자라난
빛바랜 애증의
세월

물끄러미 바라보시는
미소마저 애달파
사랑한다는 말조차
늦어버린 고백일까

내가 심은 비수처럼
아픈 사랑

어머니의 꿈속에서

늦은 밤 귀가하니 어머니 홀로 잠들어 계십니다
거실 불 밝힌 채 TV 소리 소란한데
홑이불 가만히 말아 쥐시고 꿈꾸는 아이처럼
곱디곱게 잠들어 계십니다
들녘 앉아 꽃말 읊던 어린 시절 고향 가 계시는지
명순이 재순이 묘순이 모여 코스모스 길 나란히
함박웃음 해 저물도록 걷고 또 걸어가시는지
먹고 죽을 것 없어도 부모형제 함께 살자 소원하던
친구들 하나 둘 더부살이 서울 가던
어린 낯 일그러진 아미에 눈물을
아직도 할아버지 할머니 먼 산 보시며
툇마루 앉아 계시는지
기억해 내려 하여도 기억나지 않던
정답던 이웃 아주머니 손짓 만나 보시는지
젊음은 시절에 묻어지셨지만
아련히 밀려오는 기억의 되새김 속에
가슴 꼬옥 말아 쥐시는 꿈
비 내리는 냇가에 서니
못난 청개구리 울음 소리만
아득하게 들려옵니다

봄내음

베란다 뜰녘삼아
화초를 가꾸시는 어머니
그윽한 미소 가득히
온 마음 열어 햇살을 안았어라

무구한 잎새들의 언저리 도닥이시니
오롯이 피어난 순백의 꽃이련가
가만히 귀 기울이면
창 너머 멍든 바람으로 오는
덧없는 날들의 기억
죄스러운 마음이야 비할 데 없지마는
살아가면서 알고 또 모르는 불효는
얼마나 될까

밤낮을 깨어 보채어 울던 것
자식이 상전되어 아물지 않은 생채기마다
이끼 낀 세월 두고 아픔으로 저울질하는
한낮의 화사한 봄소식 완연한데

어머니의 창밖 어딘가에
해맑던 내 어린 시절 살가운 웃음
동네방네 시끄럽게 뛰놀고 있을 것이다

모정의 눈물

미움보다는
사랑이 많은 세상이라지만
눈물 많던 시절을
아들아 내 아들아
불러오시면 어찌하여요
자식의 청춘이라도
비껴만 가지 못할 세월인 것을
어머니께서 목놓아 부르시는
어머니를 내 어찌 들을 수가 있겠어요

바람 묶여 강물에 밀리는 한낮의 푸름도
저무는 흐름의 진리요 정체를 말하여 주는데
사진 속 어머니의 곱고 아름다운 날들을
어찌 아니 울 수 있겠어요
잡을 수 없었지만
보낼 수도 없는 그 어머니를 두고
절간 툇마루에 스러져 우는 자식은
얼마나 더 많은 시를 썼겠어요

노숙자

젖 불은 어미
우는 아이 두고 돌아설 때에는
땅 꺼진 심장 불 못에 버리고
이름 지워갈 때에는
거목은 쓰러지고 돌각담 허물어져
한 보 걸음걸음에 치이는
무른 발끝의 아픔일 때에는
숨만 붙어도 살아 있는 사람이라고
배가 고프고 똥오줌 누이고
보고 듣고 말하는 죄를 거두어
산천초목 일어가는 바람이나 될까
흩어질 구름이라 좋을세라
넋을 놓고 바라보는 한 점 세상 끝에서
못내 서러워 못가고 아니 가는 것이
인연과 혈육의 애린이었다면

가까스로 살아남은
몰락한 가문의 오랜 자손일까
손 흔드는 어린 것
어이 못본 체할까마는
홀로 서야 구실한다는 세상 탓하기에는
세상 끝에 매달린 백치의 순수가
호된 자각의 전율에 지쳐
스스로 소실될 때 비로소
어미는 눈을 감는 것이리라

7

숙명

비련(悲戀)

산조(山鳥)는 녹음(綠陰)에 취(醉)하니
취(取)함이 없이 자유하고
우운(雨雲)은 잿빛 상념
길손이 자유한데

모태(母胎)로 돌아가는
회귀(回歸)의 때(時)는
풍운(風雲) 읊던 나그네
소원하던 절기(節氣)로 마중하면

그윽한 매무새에 단아한 태(態)
우수(憂愁)에 비화(飛花)는
추념어린 회한(悔恨)에
낙화유수(落花流水)하고

그리던 임 소식
천상(天上)의 화중신선(花中神仙)
한 떨기 해당화로 피어
무한(無限)의 한(恨)없음에 젖었어라

장행(長行)

경상(鏡相)의
춤추는 난새여
짝 잃은 시름 잊고
그지없음에
춤을 추는 난새여
소리 없이 내리는
달밤을 업고
임 그리는
천상의
꿈 여울을
울어울어 가노라

님 생각

꽃바람 노래하니
봄은 가고
낙숫돌에 찢어진
파생의 울음
폭포수 같은 여름 가니
가을 잎에 씌어진
추억의 갈피마다
소식 없는 님 생각
저무는 눈길에
발이 묶여 못 가는
한밤의 별리를

무음

가슴으로 꿈꾸고
영혼에 그 꿈 실었어도
대만 세워진 여백으로는
바람 무성하여라
현실과 이상의 괴리에서
비의 음률 가슴 일다 돌아가는
숱한 포말의 흐름들이여
살이 썩고 뼈가 곯아 앉은
거기, 뭇짐승들의 예감들이여

생의 아픔 갈아 적신
붓끝의 무명조차 흐름의 일부요
자연에서 연소하여 승화하는
없던 곳으로부터
내 없음으로 취한
시절들이여
홀로 타다 부서질
열정에라도 못내 죽으리라

비석

1.
줄 타는 곡예도
피 토해낸 득음 아닌데
밤낮을 잊은 도취에
글도 그림도 살아 있는 영혼 취하고
덩그러니 야윈 몸 살아남아
저 홀로 관람하다 버려질
광대의 여린 꿈으로 남았어라

2.
함께 갈 수 없이
가야할 길 되어
누구인가 지나간 길에
여로를 묻는 질문 퇴적하고
온 길과 갈 길 잊어
태석으로 서 있는 선인들의 자취가
을씨년스러운 세월의 담 넘어
마르지 않는 억겁의
영혼을 느끼며 산다더라

3.
목적으로 하여 오르던 길
보이지 않던 천상이

발밑에 깔린 죽음으로
비로소 느껴질 때
허허로운 걸음걸음이
그대라는 이름의 동행인 것을

어 명

홀로 꿈꾸기 위한
시절이기 위해
사랑 다 저버린 채
서가에 채워질
무너질 자기(自己)
논하여
집필하는 바
모호한 현실의
정체를 밝혀
묻는 여죄
탐닉한 영혼에
울고 웃는
죄인에게
기꺼이
사약을 내리노라

한국작가 작품선 · 36
성현철 시집
돌아오는 바람

초판1쇄 인쇄 · 2010년 3월 10일
초판1쇄 발행 · 2010년 3월 15일

지은이 · 성현철
펴낸이 · 윤영희

펴낸곳 · 한국작가출판부 동행
등록번호 · 제2-4991호

주소 · 서울시 중구 을지로 3가 302-18
편집부 · (02) 2285-0711
영업부 · (02) 338-2734
팩 스 · (02) 338-2722
이메일 · gongamsa@hanmail.net

값 8,000원

ISBN 978-89-94227-05-4 03810